Chansons de Bataille

PAR

LOUIS MARSOLLEAU

PROPAGANDE

DE

LA BATAILLE

Grand Journal Républicain d'avant-garde

Rédacteur en chef : LISSAGARAY

BUREAUX : 16, Rue du Croissant, PARIS

EN VENTE AUX BUREAUX DE **LA BATAILLE**
et chez tous les libraires :

La Série des Portraits des Gens de la Bande
(Rochefort, Naquet, Dillon, Déroulède, Laguerre, etc.)

L'ŒUVRE DE LA RÉPUBLIQUE

HISTOIRE D'UN LACHE
(Paul de Cassagnac)

Chansons de Bataille

PAR

Louis MARSOLLEAU

1889

BOULANGE

Air : *D'la braise.*

Tous les filous, tous les voleurs,
Ont reconnu pour un des leurs
    Boulange.
Les pitres et les charlatans
Idolâtraient depuis longtemps
    Boulange !
Les faussaires, les assassins,
Voudraient tous presser sur leurs seins
    Boulange !
Les Rodins noirs de Loyola,
Sournois, font la courte échelle à
    Boulange !

Qui donc a trahi ses serments,
Volé l'argent des régiments ?
    Boulange !
Qui donc fusilla dans Paris
Des Français désarmés et pris ?
    Boulange.
Qui donc a fui comme un Scapin,
Bavant de peur dans un sapin ?
    Boulange.
Qui donc, félon à son pays,
Voudrait nous revoir envahis ?
    Boulange.

Il portait un cierge à Belley,
Que de cantiques il bêlait,
    Boulange.
Il écrivait à « *Monseigneur !* »
Puis niait tout, sur son honneur (!)
    Boulange.
Autour de l'obélisque il a
Montré son landau de gala,
    Boulange.
Il a touché de toutes mains :
C'est le rentier des grands chemins,
    Boulange !

Trop longtemps la France a souffert
Ce fils de Mangin Casquenfer,
    Boulange !
Par un vote limpide et net
On va fourrer au cabinet
    Boulange !
Dans quelques mois, qui donc saura
Qu'il existait un scélérat :
    Boulange.
Tout passe sous ce ciel pluvieux :
Vieilles lunes, vieux papiers, vieux
    Boulange !

AU MUR !

Les affiches de l'Assassin,
— La pieuvre aussi crache de l'encre, —
Foisonnent par ce temps malsain
Et rongent Paris comme un chancre.
Son nom s'évade des journaux
Et vient salir la capitale.
Il s'abat, gluant, et s'étale
Au mur sinistre des Fourneaux.

Le sang des vaincus qui sont morts
Du Père-Lachaise à Montrouge,
Réapparaît comme un remords
Dans ces placards de papier rouge.
On se souvient des chassepots,
Et les boniments de Sa Poire
Ont l'air d'une insulte à l'histoire
A mur sinistre des Fourneaux.

Il ricanait dans ses poils blonds,
Son sabre traînait, et ses bottes
Avaient du sang à leurs talons.
Les sergents étaient en ribottes.
Les soldats et les caporaux
N'essuyaient plus leur baïonnette,
Pas une pierre n'était nette
Au mur sinistre des Fourneaux.

Du sang partout. Feu ! Par endroits,
Tremblaient des miettes de cervelles.
Les uns tombaient ; d'autres, tout droits,
Attendaient des salves nouvelles.
— « Puisqu'ils aiment ça, les pruneaux ;
Donnez-leur-en ! » criait Boulange.
Et le sang se figeait en fange
Au mur sinistre des Fourneaux.

Les affiches du fusilleur
Recouvrent les trous ronds des balles.
O Paris ! vienne un temps meilleur !
Tu pourras, au son des cymbales,
Au reflet pourpré des drapeaux,
— Revanche que ton droit consacre !
Coller le général Massacre
Au mur sinistre des Fourneaux !

22 janvier.

CARMAGNOLETTE

Que faut-il aux républicains ? *(bis)*
Du fer, du plomb et puis des pains. *(bis)*
   Du fer pour l'étranger ;
   Du plomb pour Boulanger.
Et des pains pour sa bande.
A bas le maître et les valets !
   Dansons la sarabande !
   Vive le crin des balais !

Marianne est trop bonne enfant. *(bis)*
Jamais elle ne se défend. *(bis)*
   Un paillasse éhonté,
   Passant à son côté
Et lui pinçant la taille,
La prend-il donc comme il lui plaît ?
   — Debout pour la bataille !
   Vive le crin du balai !

Elle se pâme aux boniments *(bis)*
De ces faiseurs de faux serments. *(bis)*
   Boulange, au nez du guet,
   S'habille en Badinguet,
Marianne l'approuve :
Elle prépare son palais...
   — Montre tes crocs, la Louve.
   O Marianne, — aux balais !

Ah ! pourtant quand tu te reprends, *(bis)*
Farouche, ouvrant tes yeux tout grands *(bis)*
   Ton orgueil te revient,
   Tu chasses le vaurien
Qui te charmait naguère,
A coups de pied et de sifflets.
   — Vois Boulange et Laguerre !
   O Marianne ! aux balais !

23 janvier.

LA VOIX DES AIEUX

LES GIRONDINS

Nous sommes morts pour que tu vives,
O Paris ; nous avons jeté
Nos têtes et nos forces vives
En offrande à ta liberté.
Hélas ! inutiles apôtres,
A peine il s'est passé cent ans
Et dans les bras des charlatans,
Cité soumise, tu te vautres !

Au nom de tout notre mépris,
  Merci, Paris !

DANTON

Je te croyais l'âme moins fille,
Toi qui décapitas les rois
Et fis crouler les vieux effrois
Avec les tours de la Bastille.
Vrai ! la tête sous le couteau,
Je te pensais libre et sauvage.
Je n'aurais pas cru que sitôt
Tu te remettrais en servage.

Au nom de tout notre mépris,
  Merci, Paris !

BLANQUI

Quand le soleil dorait les chênes,
J'ai vécu la nuit des prisons,
Pour élargir tes horizons
Et rompre le fer de tes chaînes !
Je te rêvais pure, ô cité.
Honte ! voici que tu te roules
Aux genoux d'un soudard botté
Que tu baises à lèvres saoûles !

Au nom de tout notre mépris
  Merci, Paris !

DELESCLUZE

A l'angle d'une rue étroite,
Je suis tombé les flancs ouverts.
Canons, chassepots, revolvers
Crachaient la mort à gauche, à droite.
O Paris, ô belle de nuit !
Ton sang mouillait les barricades ;
C'est ton souteneur d'aujourd'hui
Qui commandait les mitraillades.

Au nom de tout notre mépris,
  Merci, Paris !

28 janvier.

Mobilisation de la Bande

Air du Clairon.

Laur est pur, Laguerre est large,
Paulus vend de la litharge ;
Rochefort saute au tremplin.
Déroulède, en cet orage,
Bat du tambour avec rage
Sur la peau de Michelin.
  Taratata...

Lalou bûche l'orthographe,
Naquet, voyant la girafe,
Lui préfère le chameau.
Susini, Corse de flamme,
Brandit un poignard sans lame ;
Le Hérissé ne dit mot.
  Taratata...

Vergoin songe avec souffrance
Que l'absinthe, l'espérance,
Les tapis de jeu, son dos
Ont la même couleur verte ;
Et que cette découverte
Lui nuira près des badauds.
  Taratata...

Dillon, qui cherche fortune,
Est comte comme la lune.
Laisant, Thiébaud, Ménorval,
Cabriolent comme Auguste.
O toi, leur chef, Poire auguste !
Descends donc de ton cheval !
  Taratata...

31 janvier.

SA BEAUTÉ

Partout, du boudoir à la loge
Et des trottoirs jusqu'aux palais,
Les femmes chantent son éloge :
« Il est beau, les autres sont laids.

« A le soutenir, nous nous plûmes ;
Car il est beau, toujours, encor !
Sous son chapeau bordé de plumes
Et sous son képi brodé d'or.

» Et telle est notre turlutaine :
A pied, à cheval, en landau,
Il est beau, la chose est certaine :
Chincholle a dit qu'il était beau ! »

Eh bien, non ! mesdames les femmes,
Chincholle a trompé vos candeurs,
Tous les portraits, menteurs infâmes,
Ont fait s'égarer vos ardeurs.

Il est laid, l'Ernest à Laguerre !
Très laid, très gros, massif, poussif,
Son haleine auguste n'est guère
Qu'un courant d'air fort répulsif.

Son œil, — qui vous plonge en extases, —
Ressemble à l'œil terne et dormant
Qu'on voit, au fond de certains vases,
Rêver mélancoliquement.

Et sa barbe d'or ! Sur sa joue,
On jurerait, — j'en suis peiné ! —
Du vieux foin qu'on aurait traîné
Sur les pavés, un jour de boue.

Il a des dents, — grâce au secours
D'un dentiste ennemi des grèves ! —
On dit que les heures sont brèves !
Ses bras sont encor bien plus courts.

Allez le voir, mesdemoiselles
Et vous saurez, — tais-toi, mon cœur ! —
Comme les chromos sont ficelles
Et comme Chincholle est blagueur !

23 février.

Il est avec nous de cœur !

On admirait à la frairie
Où la Boulange régala
Laisant, Vergoin, Naquet, Borie ;
Mais Boulanger n'était pas là.
Ces braves gens choquaient leurs coupes
Et s'intoxiquaient de liqueur.
Lui, qui les emmène en chaloupes,
« Il était avec eux de cœur ! »

Sur la place de la Concorde,
Ses partisans infortunés,
Par un froid sans miséricorde,
L'attendaient, coryzas au nez.
Lui, le dos au feu, confortable,
Avec des dames en... langueur,
Chez la Belle Meunière, à table —
« Il était avec eux de cœur ! »

Revision, loi militaire,
Toutes les fois qu'on a voté,
Il a jugé bon de se taire :
C'est un drôle de député.
Les uns votaient pour, d'autres, contre ;
Et lui, comme un discret claqueur,
Les félicitait tous. Ça montre
« Qu'il était avec eux de cœur ! »

Si quelque jour la guerre éclate,
Il restera. Nous partirons.
Mais dans la mêlée écarlate,
Lorsque sonneront les clairons,
Si nous tombons, poitrine ouverte,
Du moins, nous saurons — ô bonheur ! —
En ensanglantant l'herbe verte,
« Qu'il était avec nous de cœur ! »

27 février.

LA JEUNE CAPTIVE

Ainsi que le soupir du vent dans les roseaux
Chante et pleure, en ridant la surface des eaux,
   Une cantilène plaintive.
Ainsi, sous les verrous des cachots ténébreux,
Les yeux noyés de pleurs sous ses cheveux om-
                                  [breux,
   Pleurait une jeune captive.

Amour, fatal amour! Vergoin, cruel vainqueur!
Ce n'est donc point assez de déchirer mon cœur
   Et de ne point solder mes notes ?
Je ne t'avais jamais coûté bien cher, pourtant.
La police arrivait, juste à point, t'évitant
   L'étalage de tes banknotes.

C'était à l'œil. Sombre œil! Sans être herculéen,
Tu m'arrangeais assez. Ton dos céruléen
   Me faisait espérer des choses.
Je me disais : C'est un lapin! mais bah! tant pis!
Et toi, tu t'essuyais les pieds à mes tapis
   Et la bouche à mes lèvres roses.

Je ne réclame pas d'honoraires, petit.
Garde tout. Mange bien ton blanc. Bon appétit.
   Mais enfin, lâche-moi le coude !
Je te donne quittance. Oublie un peu mon nom.
M'appeler Sylvia Pellica, cent fois non !
   Aucune colle ne nous soude.

Et s'il te faut absolument mettre en prison,
Garrotter, menotter des femmes ; — à foison,
   Puisque tu vis avec Boulange,
Tu pourras en trouver, — rognures de ses draps,
Débris de son alcove, épaves de ses bras :
   Duchesses, catins ! un mélange.

Ce jour-là, disposant de sérails différents,
   Tu pourras changer de victime,
O Vergoin ! bourreau vert qu'on paye 25 francs
   Et qui ne vaux pas un centime !

                                28 février.

LA SERINGUE

(Paroles de Boulange)

Quand Carnot m'aura laissé
   Paris, la grand'ville,
Et que l'on aura fixé
   Ma liste civile,
Je dirai, tout fatigué,
   De tant de bastringue :
Je veux ma seringue,
   O gué !
Je veux ma seringue.

Les grands dîners où je bois
   M'aggravent ma goutte ;
Toujours la gueule de bois,
   Moi, ça me dégoûte.
Foin d'un menu compliqué,
   Cayenne et meringue...
J'aime ma seringue,
   O gué !
J'aime ma seringue !

Les boudoirs ducaux ou non,
   Tout cela m'échine.
Trop de coups brisent un canon
   J'ai mal dans l'échine.
Je préfère au lit musqué,
   Foi de Barbenzingue !
Ma douce seringue,
   O gué !
Ma douce seringue !

Quand je me sens — comme un pot
   Vide, sourd et bête,
Je me pique un peu la peau,
   Soudain, c'est la fête,
Je deviens disert et gai.
   Je songe à Badingue.
Merci, ma seringue,
   O gué !
Merci, ma seringue !

                          11 mars.

CREVONS LAGUERRE !

Ce vil furoncle purulent
Se gonfle, bouillonne et fermente ;
Ce n'était d'abord qu'un mal blanc,
Mais il s'envenime et s'augmente.
Sa puanteur de sang pourri
Empoisonne notre atmosphère.
Assez ! — D'un coup de bistouri,
    Crevons Laguerre !

Depuis quelque temps, c'est infect :
Il s'ouvre, il se lâche, il suppure.
Il s'épanche en langage abject,
Il s'écoule en humeur impure.
Il s'impose aux yeux, à l'esprit :
N'y point penser ? L'on ne peut guère...
Assez ! — D'un coup de bistouri,
    Crevons Laguerre !

Aucun remède, aucun secret,
Ni de l'art, ni de la nature,
Nul désinfectant ne pourrait
Assainir cette pourriture.
Les demi-mesures qu'on prit
N'ont rien fait aboutir naguère :
Assez ! — D'un coup de bistouri
    Crevons Laguerre !

Surmontons le dégoût premier
Bouchons-nous le nez et la bouche.
Plantons le fer dans ce fumier.
C'est une horreur qu'il faut qu'on touche.
Mettons notre France à l'abri
Du retour d'un pareil ulcère.
A nous lancette et bistouri !
    Crevons Laguerre !

18 mars.

SON BAGAGE

> Si j'étais sûr, je préparerais les objets que je dois emporter à Mazas. (Paroles de Boulanger à Chincholle).
>   (*Figaro.*)

Le bon roi Boulanger
Perdait le boire et le manger.
    Chincholle, avec feu,
    Lui dit : « O mon Dieu !
    Vous filez, dit-on,
    Un mauvais coton. »

Boulanger dit : « Hélas !
On veut me fourrer à Mazas ! »

Le bon roi Boulanger
Se laissait trop décourager.
    Chincholle, avec foi,
    Lui dit : « O mon roi !
    Au moins, emportez
    Vos nécessités ! »

— Tiens ! prends, — dit Boulanger,
Ma valise ! et va la charger !

Le bon roi Barbapoux
A Chincholle dit d'un air doux :
    « Tu mettras d'abord
    Ce flacon d'eau d'or.
    C'est par lui que l'on
    Me trouve si blond ! »

— Ah ! dit le bon Chinchou,
Votre Majesté pense à tout !

Le bon roi Barbenfoin
Poursuivit : « Tu n'oublieras point
    Ma seringue, avec
    Sa morphine au bec.
    Quand je ne l'ai pas,
    Je suis par trop bas. »

Ah ! dit Chinchou, c'est bien !
Votre Majesté n'omet rien.

Le bon roi Barbenzinc
Dit : « A Mazas comme en sleeping,
    Il faut mon coussin,
    Tout siège est malsain
    Au délabrement
    De mon fondement ! »

— Je me mets, général,
A la place de votre mal !

2 avril.

LES LAMENTATIONS DE LA DUCHESSE

Où l'a-t-on mis ? Qu'en a-t-on fait ?
J'ai regardé dans mon buffet,
Ma table de nuit, ma commode.
J'ai trouvé du bœuf à la mode,
Un vase nocturne, un complet.
Mai Lui ! je ne sais où le prendre.
Rendez-moi mon Ernest, s'il vous plaît.
Messieurs, voulez-vous me le rendre.

Je m'informe un peu. L'on me dit :
« Il a quitté Paris lundi.
« On l'a filé jusqu'à la gare,
« Il fumait un très gros cigare. »
Chincholle est venu, tout replet
Soufflant : « Il ne faut plus l'attendre ! »
Rendez-moi mon Ernest, s'il vous plaît.
Messieurs, voulez-vous me le rendre !

C'est donc pour ça qu'il demandait.
A monter toujours mon bidet,
C'est pas chic pour un militaire
De se sauver comme un notaire.
Il s'est, de son propre balai,
Balayé comme un tas de cendre.
Rendez-moi mon Ernest, s'il vous plaît.
Messieurs, voulez-vous me le rendre !

Ayez donc un jour un pépin.
Ce lièvre me pose un lapin,
Il se sauve sans crier gare !
Il me préfère un gros cigare.
Enlever Rochefort, ce vieux laid !
Vrai, l'Afrique le rend trop tendre:
Rendez-moi mon Ernest, s'il vous plaît.
Messieurs, voulez-vous me le rendre !

4 avril.

ROCHEFOIRE

Air : *C'est Sa Poire !*

On a perdu, cett' semaine,
Près de la gare du Nord,
Un marquis de race humaine
Qui répond au nom de Roch'fort.
Il a l'poil gris et l'âm' noire.
Mais c'qui le caractéris' bien,
 Tiens, tiens, tiens, tiens !
C'est la foir', la foir', la foire !
C'est la foire qui le tient.

C'est un vrai chien d'saltimbanque
Et savant comme un auteur.
Il fait les cours's et la banque,
Il jou' mêm' le *Déserteur*.
Hé ! hop ! il saut' pour Sa Poire !
Mais c'qui lui ôt' des moyens,
 Tiens, tiens, tiens, tiens !
C'est la foir', la foir', la foire !
C'est la foire qui le tient !

Il a d'la rogne et d'la bave,
Mais ses dents n'peuvent plus ronger.
Il va s'cacher dans la cave,
Quand il sent qu'y a du danger.
C'est toujours la même histoire.
Oh ! là là, quel citoyen !
 Tiens, tiens, tiens, tiens !
C'est la foir', la foir', la foire !
C'est la foire qui le tient.

Il est la tant' de sa nièce :
C'est un bien drôl' d'animal.
J'sais pas si c'est la vieillesse,
A chaq' instant, il s' trouv' mal.
Chaq' fois qu'dans un cas notoire
On compte sur lui, rien ne vient,
 Tiens, tiens, tiens, tiens !
Que la foir', la foir', la foire !
Que la foire qui le tient !

Sur son collier, l'nom d'Boulange
Est inscrit, ça s'sait partout,
Mais c'est pas ça qui l'dérange
Il l'lâch'ra comme il lâch' tout.
Car Barbichenzinc — Roch'foire
Ne tient à personne, à rien !
 Tiens, tiens, tiens, tiens !
C'est la foir', la foir', la foire !
C'est la foire qui le tient !

6 avril.

LE PAUV' GÉNÉRAL

Hier ! c'était le Dieu, le Phare !
Le panache et la fanfare !
   Le brave général !
Aujourd'hui c'est — cela change —
Bruno, Barbenzinc, Boulange.
   Le pauv' général.

Hier, avant tout ce désastre,
C'était le soleil et l'astre,
   Le brav' général !
Aujourd'hui, torche dolente,
C'est une étoile filante,
   Le pauv' général.

Hier, l'Aï frangeait les coupes.
Chacun soldait les *secoupes*
   Du brav' général !
Le bon michet se dégoûte,
Nul ne paye plus la goutte
   Au pauv' général.

Les duchesses, les marquises
Gavaient de truffes exquises
   Le brav' général !
Aujourd'hui, miteux, il croque
Le blanc d'un œuf à la coque
   Le pauv' général.

Hier, il avait Déroulède,
Son Susini de Tolède,
   Le brav' général !
Aujourd'hui, pour toute épave,
Il a Rochefort qui bave,
   Le pauv' général.

Il avait des amours sûres
Et de très nobles blessures,
   Le brav' général !
Il a la nièce de l'oncle,
Et les restants d'un furoncle,
   Le pauv' général.

Il avait comme une idole,
L'Œillet rouge pour symbole,
   Le brav' général !
Aujourd'hui, mesdemoiselles,
Il a le chou de Bruxelles
   Le pauv' général.

On disait : Dans la bataille,
Dressé de toute sa taille,
   Le brav' général !
Tendra sa poitrine fière. »
— Il a montré son derrière,
   Le pauv' général.

Adieu ! disparais sous terre.
Ote l'habit militaire
   Du brav' général !
Plus tard, dans un cirque en dèche,
Tu pourras jouer Bobèche,
   Mon pauv' général !

              7 avril.

AUX OUVRIERS

Air : *Chant des Ouvriers* (Pierre Dupont).

Vous qui descendez du faubourg
Avec des chansons plein la gorge,
Qui, levés dès le petit jour,
Gagnez le chantier ou la forge,
C'est sur vous que nous bâtissons
Le château de notre espérance,
Francs travailleurs et bons garçons,
Ouvriers qui faites la France !

    Veillez ! ô fils des fusillés !
    Un César, un loup famélique
    Vous guette de son œil oblique.
    Veillez ! veillez ! veillez !
    Gardez bien votre République !

Dans la rue, au soleil levant,
Chauds encor des bras des épouses,
Vous marchez bon pas ! et le vent
Gonfle la toile de vos blouses.
Votre pain sous le bras, — bâillant ! —
(Car c'est fatigant le courage !)
Vous sifflez le coup de vin blanc
Qui donne du cœur à l'ouvrage.

    Veillez ! ô fils des fusillés !
    Un César, un loup famélique
    Vous guette de son œil oblique.
    Veillez ! veillez ! veillez !
    Gardez bien votre République !

C'est vous et votre fier dédain
O Travailleurs que rien ne lasse,
Qui rejetterez ce gredin
Au fond de l'égout, à sa place !
Les Badinguet, les Boulanger,
Tous ces faux rois exploiteurs d'hommes
Ça serait bon pour l'étranger,
Mais c'est en France que nous sommes

    Veillez ! ô fils des fusillés !
    Un César, un loup famélique
    Vous guette de son œil oblique.
    Veillez ! veillez ! veillez !
    Gardez bien votre République !

Si ce déserteur éhonté,
Si ce favori des églises,
Si ce voleur de liberté,
Voulait crocheter nos franchises.
Venez à nous. L'on combattra
Côte à côte ! et contre Sa Poire
La *Bataille* vous conduira
Joyeusement à la victoire !

    Veillez ! ô fils des fusillés !
    Un César, un loup famélique
    Vous guette de son œil oblique.
    Veillez ! veillez ! veillez !
    Gardez bien votre République !

                        13 avril,

La Grenouille et le Bœuf

CHANSON DE PAQUES

Air : *Alleluia !*

Un jour, Bruno, chez un troquet,
Vit un portrait de Badinguet
Et tout de suite, il s'écria :
Alleluia !

Rentré chez lui, bouillant d'espoir,
Il se mit devant son miroir.
Son brosseur en resta baba.
Alleluia !

« Puisque Badoche a réussi,
Je puis bien réussir aussi.
J'ai tout ce qu'il faut pour cela.
Alleluia !

« J'ai le nez creux, l'œil bien ouvert.
J'ai le poil rouge et le dos vert :
On peut refaire un coup d'Etat.
Alleluia !

De ce jour il se mit en frais.
On lui fit des habits exprès :
Son bottier le commandita.
Alleluia !

Il mangea de tous les banquets,
Il eut des naquets, des turquets,
Susini, Laur et cœtera.
Alleluia !

Il fit risette à Cassagnac,
Déroulède but son cognac ;
Lui, l'eau bénite à Loyola.
Alleluia !

Tout cela l'embêtait beaucoup !
Rochefort lui montait le coup :
« C'est ainsi que l'Autre arriva. »
Alleluia !

— « Suis-je bien ainsi ? » disait-il.
Laguerre répondait, subtil :
« Continuez ! cela viendra ! »
Alleluia !

Il en gagna mal dans les reins ;
Montant des bateaux et des trains,
Il courut tant qu'il dérailla.
Alleluia !

Fourbu, déteint, gâteux, perclus,
N'en dormant point, n'en pouvant plus
Il dit à Laguerre : « Est-ce ça ? »
Alleluia !

Chichi fit : « Encore un effort ! »
Mais Bruno n'était pas très fort.
Il s'enfla tant qu'il en creva !
Alleluia !

23 avril.

RENDEZ L'ARGENT

> Les comités boulangistes des arrondissements de Paris n'ont pas touché leur mois et ne sont pas rentrés dans leurs avances.
> (*Tous les journaux.*)

Air : *Ohé Durandard !*

Depuis qu'Ernest, mal à l'aise,
Et cherchant des cieux meilleurs,
A pris la porte à l'anglaise
Et conduit Sa Poire ailleurs,
Les gogos à l'âme grande
Qui lui prêtaient leur argent,
Voudraient bien qu'on le leur rende :
Va-t'en voir s'ils viennent. Jean !

    Ohé ! général !
Faudrait rendre la galette !
De Montrouge à la Villette,
T'en as ratissé pas mal !
    Ohé ! ohé ! général !

Ça coûte, la propagande.
Plus d'un pleure son billon,
Mais, quand il le redemande :
— « Repassez ! » répond Dillon.
— « Plus d'épines que de roses ! »
Geignent ces déshérités ;
Et les membres sont moroses,
Dans le sein des comités :

    Ohé ! général !
Faudrait rendre la galette !
De Montrouge à la Villette,
T'en as ratissé pas mal !
    Ohé ! ohé ! général !

Gémissements et reproches
N'ont jamais servi de rien.
— « Fouillez-vous si t'as des poches ! »
Dira le grand citoyen.
Il emporte la fortune
Des naïfs qu'il a lâchés.
Les trous qu'il fit à la lune
Ne seront jamais bouchés.

    Ohé ! général !
Faudrait rendre la galette !
De Montrouge à la Villette,
T'en as ratissé pas mal !
    Ohé ! ohé ! général !

Ne plaignons personne, en somme,
Car c'est bête comme un chou
De placer la forte somme
Chez n'importe quel filou !
Les financiers sont ficelles,
Bruno n'est pas le premier
Qu'on voit filer à Bruxelles
En oubliant de payer !

    Ohé ! général !
Faudrait rendre la galette !
De Montrouge à la Villette,
T'en as ratissé pas mal !
    Ohé ! ohé ! général !

29 avril.

L'ONCLE ET LA NIÈCE

La scène se passe la nuit, dans un lit, à Londres.

Air: *Monsieur et Madame Denis.*

LA NIÈCE

Quoi ! vous ne me dites rien ?
Il n'y a donc plus moyen ?
Jadis vous aviez du sang.
Souvenez-vous-en, souvenez-vous-en.
Vous faisiez de jolis tours.
Las ! vous les ratez toujours !

L'ONCLE

Mon grand âge m'a fléchi ;
Mon toupet est tout blanchi.
Tu me fatigues de trop,
Petite Margot, petite Margot !
Mes élans deviennent courts.
On ne peut sauter toujours !

LA NIÈCE

Quand vous me prîtes chez vous,
Vos jarrets étaient moins mous,
Vous vous disloquiez gaîment.
Souvenez-vous-en, souvenez-vous-en.
Culbutes et calembours
Etaient d'un drôle, toujours !

L'ONCLE

Tais-toi, tu veux trop parler !
Sitôt qu'on te laisse aller,
Ta langue court le galop,
Petite Margot, petite Margot !
Au lieu de m'être un secours
Ça me démonte toujours !

LA NIÈCE

Il faudrait à chaque pas,
Vous torcher du haut en bas ;
Ça n'est pas très amusant :
Souvenez-vous-en, souvenez-vous-en.
Tous les poids vous semblent lourds,
Car vous les lâchez toujours !

L'ONCLE

Ah ! demain, sitôt sur pied,
Songe à m'avoir du papier !

LA NIÈCE

C'est du carton qu'il vous faut ! !

L'ONCLE

Petite Margot, petite Margot !
J'en ai, depuis quelques jours,
Qui cède et crève toujours.

(Ici l'oncle se dresse péniblement sur son séant.)

LA NIÈCE

Bon ! que faites-vous donc là ?

L'ONCLE *(avec effort).*

Oh ! ce n'est rien que cela.
Je sens un besoin pressant !

LA NIÈCE

Vite allez-vous-en, vite allez-vous-en
Aux lieux, chers à vos amours,
Et puis, restez-y toujours !

30 avril.

L'EXPOSITION

Ces chants, ce soleil et ces fleurs,
C'est la fête des trois couleurs,
C'est le triomphe de la France !
Le monde accourt en flots épais :
C'est la victoire de la Paix.
C'est la Revanche et l'Espérance !
Que les rois restent dans leur coin,
Les tyrans, nous n'en voulons point !
Bon Français, quand toute la terre
Se presse sous la tour Eiffel,
Je songe, en contemplant Babel,
Que Boulange est en Angleterre !

Tous les pays ont apporté
Leur génie et leur volonté,
Comme à la ruche les abeilles !
Sur le stade du Champ de Mars,
C'est la joute de tous les arts,
C'est la bataille des merveilles,
Près de qui tombent à bien peu
Les vieux miracles du bon Dieu !
Bon Français quand toute la terre
Se presse sous la tour Eiffel,
Je songe, en contemplant Babel,
Que Boulange est en Angleterre !

Assoupli de main d'ouvrier,
Le fer, cet ancien meurtrier,
Remplace bois, ciment et pierre.
Un savant, dompteur du Néant,
Pousse au ciel le phare géant
Qui nous fait cligner la paupière ;
Et le vieux monde devient neuf
Aux cent ans de quatre-vingt-neuf !
Bon Français, quand toute la terre
Se presse sous la tour Eiffel,
Je songe, en contemplant Babel,
Que Boulange est en Angleterre !

Paris est en fête. Les yeux
S'illuminent d'éclairs joyeux ;
Enfants, vieillards, garçons et filles,
Chantant l'hymne de liberté,
Sous les lampions en gaîté,
Dansent en plein vent des quadrilles ;
Et dans les Luxembourgs ombreux
Les moineaux francs sont amoureux !
Bon Français, quand toute la terre
Se presse sous la tour Eiffel,
Je songe, en contemplant Babel,
Que Boulange est en Angleterre !

8 mai.

LE COURAGE DU MÉNORVAL

> Je n'aime pas à parler d'insurrection, car il faut payer de sa personne.

(*Paroles de de Ménorval au banquet de Clamart*).

Air de la *Mascotte*.

Parler, prêcher, faire des mots,
Imiter les cris d'animaux,
   J'en suis capable.
Mais, vrai ! même pour Boulanger
M'exposer au moindre danger,
J'en suis tout à fait incapable.

Être empoigné par les agents,
Dansant des pas intransigeants,
   J'en suis capable
Quand j'ai bu deux ou quelques coups.
Mais résister ? risquer les coups ?
J'en suis tout à fait incapable.

Exciter les pauvres gogos
A charger pour nous leurs flingots,
   J'en suis capable.
Mais descendre sur le pavé,
Où quelquefois on est crevé,
J'en suis tout à fait incapable.

Dans la Boulange, c'est ainsi :
D'emballer les gens, sans merci,
   On est capable.
Mais, au moment du branle-bas,
Ne point... s'épancher dans ses bas,
On en est vraiment incapable.

Notre oncle Rochefort, tenez !
De crier : « Mangeons-nous le nez ! »
   Il est capable.
Mais quand on veut le lui manger,
Il s'enfuit, — pour se soulager !
C'est être vraiment incapable !

Nous sommes tous pareils, d'ailleurs,
Promettre tout aux travailleurs,
   J'en suis capable.
Le pain, le vin et cætera !
Mais — tenir quand il le faudra
J'en suis tout à fait incapable.

QUATRE-VINGT-NEUF

Il y a cent ans que la France
Se réveillant d'un long sommeil,
Se dressa, pleine d'espérance,
Libre, sous le libre soleil !
Au clairon de sa voix féconde
On vit s'écrouler le vieux monde
Et tomber les rois sous sa main.
Et ce fut par toute la terre
Une éclosion salutaire
De tous les droits du genre humain !

Avant, les nobles et les prêtres
Bâtonnaient la plèbe à genoux.
Avec ses bourreaux et ses reitres
La royauté pesait sur nous !
L'ouvrier crevait sur la paille :
Les courtisans faisaient ripaille
En poudre, en dentelle, en paniers.
Versailles, la cité fatale,
Appuyait sa botte brutale
Sur un peuple de prisonniers !

Quatre-vingt-neuf ! Tocsin sonore !
Le pauvre, écrasé dans la nuit,
Repoussa, sous la rouge aurore,
Le talon qui pesait sur lui.
Il prit les tyrans à la gorge :
Du champ, du chantier, de la forge,
Jaillirent ces trois cris vainqueurs :
Liberté pour la créature !
Egalité dans la nature !
Fraternité dans tous les cœurs !

Cent ans ont passé. Joie et fête !
Claquez, drapeaux ! sous l'aube d'or.
Ta revanche n'est point parfaite ;
O peuple ! il faut marcher encor.
Debout ! la victoire est prochaine !
Toi qui fus toujours à la peine,
Il faut que tu sois à l'honneur.
Quatre-vingt-neuf est la préface ;
Il faut que tout l'œuvre se fasse,
Il faut conquérir le Bonheur !

6 mai.

LA FIN DE BOULANGER

Tandis qu'étalant ses merveilles
Paris, les deux bras grands ouverts,
Tend ses écrins et ses corbeilles
Aux yeux béants de l'univers ;
Tandis que la joyeuse France
S'emplit de bruits et de clartés,
Et que des souffles d'espérance
Se lèvent de tous les côtés.

Là-bas, dans la morne Angleterre,
Flétri, cassé comme un vieillard,
L'assassin de Paris s'enterre
Dans le silence et le brouillard.

Il sent qu'il a gâché ses rôles
Et que le bon coup est manqué.
La France a le dégoût des drôles.
Il s'est trop vite démasqué.
Son maquillage tombe et craque
Et le vieux pitre Boulanger
Sent que bientôt dans sa baraque
On n'aura plus rien à manger.

Et malade, affaibli, livide,
Il s'affaisse comme un vieillard,
L'œil éteint et le cerveau vide,
Dans le silence et le brouillard.

C'en est fait du héros postiche.
Ballon crevé, pantin perclus.
Ce n'est plus qu'un ancien fétiche
Dont le charme n'existe plus.
Laissons cette loque finie
Pourrir sur le trottoir anglais.
Cette carcasse à l'agonie
N'est plus digne que des balais.

Laissons son étoile fidèle,
Vil quinquet fumeux et criard,
S'éteindre comme une chandelle
Dans le silence et le brouillard.

12 mai.

La Fraternité des Peuples

Hôtel de Ville, 11 mai 1889.

Assez de guerre et de démence :
Si le monde est vieux, l'homme est neuf.
Qu'une ère nouvelle commence
Aux cent ans de quatre-vingt-neuf
Peuples ! laissez rouiller le glaive,
Laissez les fusils se ternir.
L'aube-Fraternité se lève
A l'orient de l'avenir.

Les couleurs de la République
Flottent sur nos fronts découverts,
O Paris ! vaisseau symbolique,
Arche de paix de l'univers !

Trop longtemps, les rois et les prêtres,
Pour leurs louches et noirs desseins,
Ont fait de leurs sujets des reîtres
Et des hommes, des assassins.
Trop longtemps, d'ignobles sornettes
Ont abreuvé de sang vermeil
L'acier cruel des baïonnettes,
Sous l'œil indigné du soleil !

Les couleurs de la République
Flottent sur nos fronts découverts,
O Paris ! vaisseau symbolique,
Arche de paix de l'univers !

Peuples ! la France vous accueille,
Ouvrant ses bras, ouvrant son cœur
Offrant son parterre où l'on cueille
Tous les trésors de l'art vainqueur.
Donc, assez d'estoc et de taille,
Et que tous, se serrant la main,
Préparent la grande bataille
D'où naîtra le bonheur humain !

Les couleurs de la République
Flottent sur nos fronts découverts,
O Paris ! vaisseau symbolique,
Arche de paix de l'univers !

La bataille des Délivrances,
La conquête des Libertés,
La victoire des Espérances,
Le triomphe des Vérités !
Fier combat, sublime mêlée
Des peuples devenus meilleurs,
Dans l'apothéose étoilée
Du travail et des travailleurs !

Les couleurs de la République
Flottent sur nos fronts découverts,
O Paris ! vaisseau symbolique,
Arche de paix de l'univers !

14 mai.

CRACHAGNAC

Air du *Casque*.

Il est un Fracasse à la Chambre,
Moitié nègre, moitié poussah.
C'est dans le sang du Deux-Décembre
Que ce vil champignon poussa.
Jadis, de la guerre assassine
Ayant déchaîné le hasard,
Il s'engagea dans la cuisine
Et fut Laridon de César.
    Ça va bien *(ter)*.

Loin de l'horrible fournaise,
Il tournait la mayonnaise   } *bis*
A l'abri, ne craignant rien.
    Ça va bien *(bis)*
    Ça va bien *(bis)*
    Taratatata, etc., etc.

A Sedan, il rendit sa broche,
Puis en Prusse alla voyager,
Mais cette fâcheuse anicroche
N'alourdit pas son cœur léger ;
A son retour, ce fut étrange,
Il se fit de sa honte un char ;
Sa bouche vomit de la fange
Sous sa moustache de mouchard.
    Ça va bien *(ter)*.

Il répond quand on lui plaque
Un crachat ou quelque claque :   } *bis*
« Allez-y, je ne sens rien ! »
    Ça va bien *(bis)*
    Ça va bien *(bis)*
    Taratatata, etc., etc.

Paing en avant, beigne en arrière !
Gifle par-là, soufflet par-ci !
C'est à coups de pied au derrière
Qu'on le maintient debout ainsi.
Sitôt qu'un affront le terrasse,
Vite, il vient de l'autre côté
Un autre affront qui le ramasse
Et lui rend sa stabilité.
    Ça va bien *(ter)*.

But honteux des pommes cuites,
Vil crachoir pour nos pituites,   } *bis*
Il s'essuie et ne dit rien.
    Ça va bien *(bis)*
    Ça va bien *(bis)*
    Taratatata, etc., etc.

31 mai.

60,000 FRANCS

> M. Boulanger père est mort laissant une dette de 60,000 francs, que le général n'a payée qu'étant ministre.

Air : *L'autre jour mon voisin Pierre.*

Boulange était capitaine,
Mais il n' roulait pas sur l'or.
Et son étoile incertaine
N'éclairait pas encor Laur.
Son papa, pour tout potage
En r'joignant ses grands-parents,
Lui laissa comme héritage
Un' dett' de 60,000 francs.

Commandant, c' fut autre chose :
C'était fini d' rigoler.
Quat' galons, faut qu' ça s'arrose,
Au mess, il dut régaler.
Lieut'nant-colon, c' fut tout comme.
Les frais d'uniform's sont grands
Il n' put pas, l' malheureux homme,
Payer les 60,000 francs.

Colonel, ce fut terrible,
Il s' mit à fair' le galant :
Panier percé comme un crible
Sous les jup's on l' vit roulant.
Il n' paya qu'à coups d' cravache
La créanc' de ses parents.
Ça s' trouv' pas dans l' pas d'un' vache
Un' somme de 60,000 francs.

Général, il fit d' la piaffe,
Prit un ch'val noir, deux landaus,
Un professeur d'orthographe
Qu'avait un' gross' boss' dans l' dos.
Tout ça l' rinçait, c' militaire,
Il s' dit : « J' vas sortir des rangs ;
« Que j' décroche un ministère
« Et j' paierai 60,000 francs.

Un' fois minist' de la guerre,
Mis à mêm' sur notre argent,
S'aidant d'la pince à Laguerre,
Il pourvut au plus urgent ;
Il solda ses ch'vaux, ses bottes,
Ses chemises, ses onguents
Et liquidant toutes ses notes,
Paya les 60,000 francs.

7 juin.

LE PRONE DU CURÉ

(D'après les instructions de l'évêque de Marseille.)

Air: *La Dame blanche.*

« *In nomine Patris.* Mes frères,
Ecoutez mon instruction :
Enfouissez vos numeraires,
Méprisez l'Exposition.
Malgré les trains à moitié prix,
N'allez pas partir pour Paris.
    Prenez garde (*bis*)
Satan vous guette et vous regarde
Dans ce Paris impénitent.
    Prenez garde (*bis*)
A Paris, l'enfer vous attend !

» C'est le bazar de tous les vices ;
C'est les miracles du démon.
L'eau se change en feux d'artifices.
Une tour plus haute qu'un mont
Escalade à nouveau le ciel,
Comme la coupable Babel !
    Prenez garde ! (*bis*)
Satan vous guette et vous regarde
Dans ce Paris impénitent,
    Prenez garde (*bis*)
A Paris, l'enfer vous attend !

« Des diables déguisés en hommes
Séduiront vos femmes le soir,
Des diablesses, offrant leurs pommes,
Auprès de vous viendront s'asseoir,
Et les signes de croix divins
Pour les exorciser sont vains.
    Prenez garde (*bis*)
Satan vous guette et vous regarde
Dans ce Paris impénitent.
    Prenez gare (*bis*)
A Paris, l'enfer vous attend !

« Paris ! c'est la grande géhenne.
Un jour de fête et de falots,
La foule, étau de chair humaine,
Vous étouffera dans ses flots.
Ou vous serez — comme un gibus —
Aplatis par un omnibus.
    Prenez garde (*bis*)
Satan vous guette et vous regarde
Dans ce Paris impénitent.
    Prenez garde (*bis*)
A Paris, l'enfer vous attend !

« Évitez la tour, le grand dôme,
Car, Notre Seigneur me l'a dit,
Sa colère, comme Sodôme,
Va broyer ce Paris maudit.
Gardez-vous bien d'etre là-bas
Au moment du grand branle-bas !
    Prenez garde (*bis*)
Satan vous guette et vous regarde
Dans ce Paris impénitent.
    Prenez garde (*bis*)
A Paris, l'enfer vous attend ! »

Curé, curé, tu perds ta peine,
Avec ton diable et ton enfer.
Ta pauvre messe est dite à peine
Que l'on court au chemin de fer.
Femmes, enfants, parents, maris
Viennent se damner à Paris !
    Prends bien garde (*bis*)
Curé, ta langue est trop bavarde !
C'est sot d'aboyer comme un chien,
    Prends bien garde (*bis*)
Tais-toi donc et tu feras bien !

16 juin.

LE SERMENT DU JEU DE PAUME

Cent ans ont passé sur la France ;
Le Vingt Juin quatre-vingt-neuf,
L'aube rouge de l'Espérance,
Eclata comme un soleil neuf.
Dans la salle du Jeu de Paume,
Ce jour-là, le Tiers, irrité.
A broyé roi, reine et royaume
En éveillant la Liberté.

Le peuple grondait. Louis seize,
Inquiet, malgré ses soldats,
Pour étouffer l'âme française
Ferma la salle des Etats.
Mais l'Idée est tenace et forte.
Et ce n'est pas, ô pauvre Roi,
Avec le verrou d'une porte
Qu'on empêche d'entrer le Droit.

Dans une pièce vide et sombre,
A jeun, sans manger, sans s'asseoir,
Cœurs contre cœurs, serré dans l'ombre,
Le Tiers conféra jusqu'au soir.
Et quand il sortit de la salle,
Les DROITS DE L'HOMME, déchaînés,
Ouvraient leur aile colossale
Sur les trônes déracinés.

Elle est à nous cette journée.
C'est le Vingt Juin quatre-vingt-neuf
Que notre République est née,
Comme un aiglon qui sort de l'œuf.
Et quant à vous, ruffians sinistres,
Voleurs de gloire, vils et bas,
Boulangeux, Tartufes et cuistres,
Bas les pattes ! n'y touchez pas !

21 juin.

DÉROULÈDE EST PRIMESAUTIER

Attendu qu'il est juste de tenir compte à Déroulède de sa nature primesautière.
(Considérants du jugement d'Angoulême.)

Air : *Au fond du Bois silencieux.*

Grâce aux magistrats d'Angoulême,
Nous avons la clef du problème ;
Déroulède est primesautier.
Quand flageolant sur ses cuisses,
Il est plus saoûl que quatre Suisses ;
Déroulède est primesautier.
Quand il s'extermine et s'escrime
A cheviller des vers sans rime,
Déroulède est primesautier ;
Quand il tape, d'un cœur sincère,
Sur la tête du commissaire,
Déroulède est primesautier.

Quand aux camelots de sa clique
Il crie : « A bas la République ! »
Déroulède est primesautier.
Quand, pour que sa voix retentisse,
Il dit : Cambronne ! » à la justice,
Déroulède est primesautier.
Quand il se pâme aux représailles
Du vil fusilleur de Versailles,
Déroulède est primesautier.
Enfin hanneton, vole ! vole !
Qu'il insulte, assassine ou vole,
Déroulède est primesautier.

Rochefort, c'est une relâche.
Arthur est chauve et Meyer lâche,
Déroulède est primesautier.
Laisant est ficelle. Laguerre
Est une fripouille vulgaire.
Déroulède est primesautier.
Naquet est un boscot sans charme,
Le Hérissé n'est qu'un gendarme.
Déroulède est primesautier.
La duchesse est un reître en robe.
Mermeix est un vilain microbe.
Déroulède est primesautier.

27 juin.

LE 14 JUILLET

Nos pères ont pris la Bastille
Et conquis notre liberté.
A des tyranneaux de Courtille
Tendrons-nous notre dos bâté ?
Allons-nous retomber encore,
Cent ans après le grand réveil,
Sous les pieds d'un farceur sonore,
Dans l'esclavage et le sommeil !

A quoi bon l'effort séculaire,
L'infatigable acharnement,
Cent ans de lutte et de colère,
De courage et de dévouement ?
A quoi bon tant de sacrifices,
Tant de martyrs tombés pour toi,
Peuple ! pour que tu t'asservisses
Aux genoux d'un soldat sans foi ?

Peuple ! c'est donc en vain qu'on s'use
A vouloir te conduire au port ?
Que Barbès, Blanqui, Delescluze
T'ont donné leur vie et leur mort ?
Tant de héros et tant d'apôtres
Auront combattu, pleins d'espoir,
Pour que, lâchement, tu te vautres
Sous le sabot d'un cheval noir !

Non ! ceci n'est qu'un mauvais rêve,
Un cauchemar qui va finir.
La nuit s'en va, le jour se lève,
Regarde monter l'Avenir.
O peuple ! les instants sont graves ;
Marche en avant sur ton chemin.
Hier a brisé tes entraves.
Ne mets pas de chaîne à Demain.

15 juillet.

L'ŒILLET ROUGE

Œillet rouge, pourpre charmante,
Pareil à des lèvres d'amante,
Fleur chaude aux parfums d'encensoir,
Qui t'épanouis, provocante
Comme un sourire de bacchante
Dans l'ardente langueur du soir.

Fleur de sang, de chair et de flamme,
Dont le poivre exalte dans l'âme
Les galops brûlants du désir ;
Œillet rouge qui ris et vibres,
Libre emblème des baisers libres,
Boulanger t'a daigné choisir !

Un jour, l'homme à la barbe blonde
Tendit sur toi sa patte immonde
Et te cloua sur son dolman.
Ah ! ton dégoût et ta torture !
Qu'avais-tu fait à la Nature
Pour mériter ce châtiment ?

Ton triste calice qui saigne
Est affiché comme une enseigne
A la porte du mauvais lieu.
Laguerre te frôle à sa bouche.
Laur te cueille ; Mermeix te touche ;
De toi L'Hérissé fait son dieu.

Œillet rouge, pourpre charmante,
Te voilà cocarde infamante,
Tu déshonores le jardin ;
Et dans les parterres moroses,
Tes pures voisines, les roses,
Se détournent avec dédain.

17 juillet.

MONSIEUR MYSTÈRE

> En ce qui me concerne, il n'y a pas de secret professionnel qui m'oblige à passer à la postérité sous le pseudonyme de *Mystère*, avec un arc à la main et des ailes dans le dos.
> ANDRIEUX.

Air de la *Roussotte*.

Il était dans la rue Duphot
Un logis de belle apparence,
Discret, correct et comme il faut.
La meilleure maison de France.
La bonne madame Leroy
S'y plaisait à joindre des couples ;
Plats de pape et morceaux de roi,
En fatiguaient les divans souples.

J'avais fait mon nid de ce coin :
J'estimais la propriétaire...
Je n'ai jamais été plus loin,
   Plus loin, plus loin !
Je n'ai jamais été plus loin,
J'étais « *le bon Monsieur Mystère !* »

J'avais là ma chambre et mon lit,
Un paradis de sybarite,
Des feuilles de roses, sans pli.
Et ma volaille favorite.
C'est comme un dieu qu'on m'accueillait :
Un chœur d'enfants sveltes ou grasses
Autour de moi s'agenouillait
En des poses pleines de grâces.

J'avais fait mon nid de ce coin :
J'estimais la propriétaire...
Je n'ai jamais été plus loin,
   Plus loin ! plus loin !
Je n'ai jamais été plus loin,
J'étais « *le bon Monsieur Mystère !* »

Un jour, j'appris qu'un magistrat
— De quoi se mêlait-il, ce juge ? —
M'allait mettre en un mauvais drap
Ayant crocheté mon refuge
On avait saisi mes papiers,
Mes cartes, ma photographie ;
J'en eus froid aux yeux, jusqu'aux pieds,
Noyé dans la pornographie !

A coups d'agents, à coups de poing,
Je repris tout ; je fis tout taire,
Peut-être avais-je été trop loin,
   Trop loin, trop loin !
Peut-être avais-je été trop loin :
Je suis resté « *Monsieur Mystère !* »

13 septembre.

LE MOUSTIQUE

Bourdonnant, fuyard, sonore.
Cognant à tous les carreaux,
Zéro parmi les zéros,
Sa nullité qui s'ignore ;
Parlant haut et criant fort,
Il va, vient, court, bat les vitres
Du fracas de ses élytres,
Le moustique Francis Laur.

Par instants il s'exaspère ;
Il se hâte, il se débat.
Ce moucheron de combat
Se croit devenu vipère.
De son dard il fait effort,
Il bondit, siffle, bouillonne ;
Voyez-le qui tourbillonne,
Le moustique Francis Laur.

Autour d'Antoine, avec rage,
Il se démène aujourd'hui.
Il croit que son petit bruit
S'entend dans tout l'entourage.
Il s'acharne, il pique, il mord.
Il prodigue — vaine amorce —
Son petit venin sans force,
Le moustique Francis Laur.

Toutefois, qu'il prenne garde !
Pour doux qu'on soit et clément,
En un jour d'agacement,
On pourrait bien par mégarde,
Arrêtant net son essor,
Ecraser, s'il nous y pousse,
Entre l'index et le pouce,
Le moustique Francis Laur.

14 septembre.

C'est embêtant l'honnêteté

> Ce Carnot qui depuis si longtemps nous embête
> de son honnêteté. (Rochefort. — *Intransigeant*
> 15 septembre.)

Rochefort, cynique et fantasque,
Se décide à lever le masque :
« C'est embêtant l'honnêteté ! »
Ernest lui dit : « Vieille canule,
« Vous avez trouvé la formule :
« C'est embêtant l'honnêteté ! »
— « Par mon nez ! proclame Laguerre,
« Ce sera notre cri de guerre :
« C'est embêtant l'honnêteté ! »
Vergoin dit : « La phrase est fringante,
« Et cette devise nous gante :
« C'est embêtant l'honnêteté ! »

Quand on veut filouter des votes
Et croquer l'argent des dévotes,
C'est embêtant l'honnêteté !
Lorsque l'on mange la grenouille
Pour que la Pourpe s'agenouille,
C'est embêtant l'honnêteté.
Quand il faut mentir à toute heure,
Faire Jean qui rit, Jean qui pleure,
C'est embêtant l'honnêteté.
Quand il faut payer ses apôtres
Avec l'escarcelle des autres,
C'est embêtant, l'honnêteté !

Médéric Roux songe en sa panse :
« Voilà longtemps que je le pense :
« C'est embêtant l'honnêteté ! »
Et Mermeix, que la peste habite,
Bave, le monocle à l'orbite :
« C'est embêtant l'honnêteté ! »
Dillon ricane en Angleterre.
« Je te crois ! » dit monsieur Mystère,
« C'est embêtant l'honnêteté ! »
Et Nicot, honteux et farouche,
Grogne, oreille basse et l'œil louche :
« C'est embêtant l'honnêteté ! »

16 septembre.

A BAS LES VOLEURS !

« A bas les voleurs! tel est leur mot d'ordre.
Tous ces édentés essayent de mordre,
Tous ces bâtonnés parlent de bâton ;
Ce tas de Verrès la fait au Caton.

L'ortie exclame : « A bas les ronces! »
Les verrous : « A bas le loquet! »
Vergoin crie : « A bas les Alphonses! »
« A bas les bossus! » dit Naquet.

« A bas les voleurs! » proclame Laguerre.
Ses clients, jadis, ne se doutaient guère,
Quand cet avocat retors les vola,
Qu'il pourrait un jour oser ce cri-là !

L'ortie exclame : « A bas les ronces ! »
Les verrous : « A bas le loquet! »
Vergoin crie : A bas les Alphonses! »
« A bas les bossus! » dit Naquet.

« A bas les voleurs! » dit Mermeix-la-Fange.
Ça fait rire aux cieux la baronne d'Ange!
L'affaire Aubertin ressort de l'égout.
« Quel toupet! » confie à Jamet, Pradou !

L'ortie exclame : « A bas les ronces! »
Les verrous : « A bas le loquet! »
Vergoin crie : « A bas les Alphonses! »
« A bas les bossus! » dit Naquet.

« A bas les voleurs! « Boulange en personne
S'applique au museau ce soufflet qui sonne.
« A bas les voleurs! » Il sait ce que c'est.
Le trésor de guerre est dans son gousset.

L'ortie exclame : « A bas les ronces! »
Les verrous : « A bas le loquet! »
Vergoin crie : « A bas les Alphonses! »
« A bas les bossus! » dit Naquet.

4 septembre.

A CASSAGNAC

Or, le pouvoir entre nos mains, c'est la France
arrachée aux bandits et aux voleurs, c'est la
France rendue à l'honneur et à la prospérité,
c'est la France sauvée.
(Paul de Cassagnac. — *Autorité*.)

Le pouvoir entre tes mains ?
Escroc, drôle et saltimbanque!
— Ce serait ouvrir la Banque
Aux voleurs des grands chemins;
Confier les bergeries
Aux loups allongeant leurs crocs,
Les Orestes aux Furies,
Les victimes aux bourreaux !

Le pouvoir entre tes mains?
— Vos bombances badingouines
Engraisseraient d'or les gouines
Sous leurs fards et leurs carmins.
Que le peuple crève et saigne :
Vergoin remettrait sur l'eau
Les soupers fins de Compiègne
Et ceux de Fontainebleau!

Le pouvoir entre tes mains ?
— Vers Lambessa, vers Cayenne,
Aux déserts mortels où l'hyène
Ronge des débris humains,
Marcheraient les files lasses
Des vaincus et des proscrits,
Laissant de places en places
Des cadavres amaigris !

Le pouvoir entre tes mains ?
Escroc, saltimbanque et drôle,
Qui termineras ton rôle
Sous les sifflets des gamins !
— Ce serait la fin, le vide,
La honte nous débordant,
Le retour, au ciel livide,
Du noir soleil de Sedan !

Paris. — Imp. de la Presse, 16, rue du Croissant. — Vigier, imp.

www.ingramcontent.com/pod-product-compliance
Lightning Source LLC
Chambersburg PA
CBHW070532050426
42451CB00013B/2972